Les cahiers d'écriture

Japonais

vol. 2 : kana (2) - kanji

Catherine Garnier

Sommaire

Introduction

Au sortir du *Cahier d'écriture japonais* vol. 1, vous voilà maintenant expert en kana. Vous savez reconnaître et écrire les 46 hiragana et les 45 katakana. Et vous êtes impatient de vous lancer dans l'aventure des kanji ! C'est précisément ce que va vous proposer ce cahier vol. 2. Mais il vous faut encore un peu de patience, car les kana ne nous ont pas encore livré tous leurs secrets et nous commencerons par leur consacrer encore quelques pages et quelques entraînements.

Ce cahier comporte donc deux parties :

Les kana (2) (suite du cahier vol. 1)

Un complément indispensable, grâce auquel vous apprendrez toutes les subtilités sur les graphies en kana : hiragana comme katakana.

Les kanji

Ils constituent la partie essentielle de ce cahier.

Pour les kana, grâce au premier cahier puis au complément que ce deuxième cahier va vous apporter, vous saurez tout sur le sujet. Le cahier vol. 1 vous a déjà enseigné tous les signes existants et ce cahier vol. 2 vous expliquera les manières un peu spéciales de les réemployer pour des graphies légèrement plus complexes. Votre rythme de travail reste le même : raisonnablement une page par séance. Et surtout n'hésitez pas à revenir en arrière si vous n'êtes pas vraiment sûr de vous.

Pour les kanji, en revanche, il ne s'agira pas de tout savoir. Impossible de les apprendre tous dans les quelque 120 pages de ce cahier : environ 6 000 kanji sont utilisés de nos jours au Japon. Même si on se limite aux kanji dits « d'usage courant », il en reste malgré tout 2 000...
Le but que nous poursuivrons ici sera de vous introduire à la manière d'écrire un kanji, de vous faire prendre de bonnes habitudes. En effet, savoir tracer correctement un kanji demande de suivre des règles précises. Un kanji mal tracé peut devenir impossible à identifier et surtout manquera d'harmonie. De plus, c'est le geste de la main qui va vous permettre de mémoriser les formes, il faut donc toujours les écrire de la même façon.
La démarche sera identique à celle suivie dans le cahier vol. 1. Nous avons sélectionné avec soin 90 kanji. Chacun sera développé sur une page pour vous permettre de vous entraîner à le tracer. Tous les 10 kanji, une page d'entraînement vous permettra de faire le point. Des consignes de travail précises vous seront données au début de la partie « kanji ».

Les kana (2)

Les hiragana

Les langues évoluent, l'écriture doit suivre. Soit du fait de l'adoption de nombreux mots chinois, soit du fait de l'évolution normale du japonais, de nouvelles syllabes ou de nouvelles combinaisons de consonnes sont apparues, impossibles à écrire avec les simples hiragana.

4 nouveautés :

1. Suite de deux consonnes identiques : résultant de la disparition d'une voyelle. Ex. : **koku** (pays) + **ka** (foyer) > **kokka** (nation) ; **netsu** (chaud) + **shin** (coeur) > **nesshin** : enthousiaste
2. Voyelle longues : **o** long et **u** long, notés dans les transcriptions soit **ô** et **û**, soit **ō** et **ū**.
3. Syllabe composée de : consonne + semi-consonne **y** + **a**, **u**, **o**. Ex. : **kyo**, **ryo**, **ryu**, **hyo,** etc.
4. Syllabe composée de : consonne **sh/j/ch** + **a**, **u**, **o**. Ex. : **sha**, **sho**, **jo**, **chu**, **cho,** etc.
Pour ces graphies, il n'y a pas de hiragana nouveau, simplement des utilisations conventionnelles des signes existants, parfois assez loin du son qu'ils notent normalement.
Attention, parfois deux nouveautés (ou trois !) coexistent dans le même mot !

Ces nouveautés concernent massivement la graphie en hiragana des mots d'origine chinoise. Si vous avez en tête l'introduction du cahier vol. 1, vous allez sans doute vous poser la question suivante : pourquoi écrire les mots d'origine chinoise en hiragana alors que normalement ils sont écrits en kanji ? En effet, normalement on écrit en kanji les noms, adverbes, radicaux d'adjectifs et de verbes, et en hiragana les terminaisons verbales et tout le matériel grammatical. Mais :

– du fait de l'évolution de la langue, certains éléments grammaticaux purement japonais possèdent maintenant des syllabes « nouvelles ». Ex. : la forme d'invite **ikimashô** « allons ». Avec les hiragana simples, on peut écrire **ikima**- mais pas -**shô**.

– certains mots purement japonais n'ont pas de kanji correspondant. Ex. : **yukkuri** (lentement).

– certains mots dont les kanji sont trop compliqués ou trop peu usités sont écrits habituellement seulement en hiragana. Ex. : **shôyu** (sauce de soja).

– il arrive très souvent (en particulier dans les textes pour étrangers, ou s'il s'agit d'un mot un peu compliqué) qu'on écrive au-dessus d'un mot en kanji sa prononciation en hiragana.

– enfin, toute liste par ordre « alphabétique » est écrite en kana : dictionnaires, index, annuaires de toutes sortes.

Graphie des consonnes doubles

Ne se rencontrent que : **kk**, **ss**, **ssh** (= shsh), **tt**, **tch** (= ttch), **pp***.

Ces deux consonnes qui se suivent doivent être prononcées toutes les deux. Ex. : **pp**, comme dans cou*pe p*leine, ou **ssh** comme dans va*che ch*arolaise.
La convention est d'utiliser un **tsu** mais écrit plus petit et aligné vers le bas っ, qui signifie seulement : « attention, la consonne en tête de la syllabe qui me suit doit être redoublée ».

* Le cas de **n** est différent puisqu'on peut écrire un n tout seul.

Entraînement 1

kekka	résultat	けっか			
yukkuri	lentement	ゆっくり			
hakken	découverte	はっけん			
zasshi	revue	ざっし			
massugu	tout droit	まっすぐ			
isso	plutôt	いっそ			
kotchi	par ici	こっち			
ketten	défaut	けってん			
kitto	sûrement	きっと			
rippa	magnifique	りっぱ			
kippu	ticket	きっぷ			

Autodictée :
sekken (savon), **karappo** (vide), **mattaku** (complètement), **kikkake** (occasion), **zappi** (frais divers), **sakka** (écrivain), **hakkiri** (clairement), **yatto** (enfin), **shippo** (queue), **asatte** (après-demain), **makkuro** (tout noir), **masshiro** (tout blanc), **ippai** (plein), **nettai** (les tropiques), **nesshin** (enthousiaste), **kitte** (timbre-poste), **bakkin** (amende), **sotchi** (par là), **shimeppoi** (humide), **motto** (plus), **kokka** (nation), **sassoku** (immédiatement), **shippai** (échec).

Graphie des syllabes avec voyelles longues

Ne peuvent être longs que le **o** et le **u**.

Il existe par ailleurs des voyelles répétées, dont la graphie ne pose aucun problème spécial. Ex. : **ookii** おおきい (être grand).
La convention est : après le hiragana comportant **o** ou **u**, on ajoute un **u** う qui perd sa valeur propre et dont la présence signifie seulement : « attention, la voyelle qui me précède est longue ». Ce **u** est de la même taille que le hiragana précédent. Ex. : **tô** とう, **sû** すう, **kô** こう, **mô** もう, **yû** ゆう.
La longueur sert souvent à différencier des mots.
Ex. : **soko** そこ (le fond) / **sôko** そうこ (entrepôt).

Entraînement 2

satô	sucre	さとう			
yûmei	célèbre	ゆうめい			
kûkô	aéroport	くうこう			
nôgaku	agriculture	のうがく			
chihô	province	ちほう			
taiyô	soleil	たいよう			
tsûyaku	interprète	つうやく			
risô	idéal	りそう			
kôkô	lycée	こうこう			
sansû	mathématiques	さんすう			

Autodictée :
yûbin (courrier), **bôshi** (chapeau), **reizôko** (réfrigérateur), **sûji** (chiffre), **gûzen** (par hasard), **nô** (cerveau), **yûgata** (soir), **seiyô** (l'Occident), **tôyô** (l'Orient), **kankô** (tourisme), **futsû** (ordinaire), **môfu** (couverture), **riyû** (raison), **rôdô** (travail), **fûkei** (paysage), **kôen** (jardin public), **kûkan** (espace), **tsûshin** (communication), **undô** (mouvement), **yûkô** (amitié), **yôi** (préparatifs), **rôjin** (personne âgée), **môretsu** (violent), **fûfu** (couple), **hikôki** (avion).

Graphie des syllabes : consonne + semi-consonne y + a, u, o

Les consonnes qui peuvent se trouver en tête de ces syllabes sont : **k, g, n, h, b, p, m, r**.
La convention est d'écrire le hiragana comportant la voyelle **i** et ensuite un petit **ya** や, un petit **yu** ゆ ou un petit **yo** よ aligné sur le bas. Ex. : **kya** きゃ, **ryu** りゅ, **hyo** ひょ.
Toutes les possibilités théoriques ne sont pas utilisées et certaines syllabes sont plus fréquentes que d'autres.
Attention à la taille du kana. Ex. : **kyaku** きゃく (client) / **kiyaku** きやく (statuts).

Entraînement 3

kyoka	permission	きょか			
gyaku	contraire	ぎゃく			
ryokan	auberge	りょかん			
hyaku	cent	ひゃく			
pyonpyon	à cloche-pied	ぴょん ぴょん			
enryo	retenue	えんりょ			
myaku	pouls	みゃく			
ryakugo	abréviation	りゃくご			
kingyo	poisson rouge	きんぎょ			

Autodictée :
ryohi (frais de voyage), **senkyo** (élections), **shinryaku** (invasion), **kyoku** (pôle), **nyaa** (miaou), **kyodai** (énorme), **gyogu** (engins de pêche), **kyonen** (l'année dernière).

Mais ce que l'on rencontre aussi, c'est la combinaison, dans la même syllabe, de deux nouveautés : dans une syllabe consonne + **y** + **o** ou **u**, le **o** ou le **u** peuvent être longs.
Qu'à cela ne tienne ! On applique les deux conventions : hiragana comportant la voyelle **i** + petit **yo** よ ou petit **yu** ゆ + le **u** う pour marquer l'allongement.
Ex. : **kyô** きょう, **ryû** りゅう, **nyû** にゅう, **gyô** ぎょう, **byô** びょう, **kyû** きゅう.

Entraînement 4

kankyô	environnement	かんきょう			
byôki	maladie	びょうき			
ryôkin	tarif	りょうきん			
myô	étrange	みょう			
kyômi	intérêt	きょうみ			
ryôte	les deux mains	りょうて			
hyôban	renommée	ひょうばん			
chikyû	la Terre	ちきゅう			

Autodictée :
nyûgaku (entrée à l'école), **benkyô** (étude), **ryôji** (consulat), **kenkyû** (recherche), **ryôkai** (compréhension), **myôji** (nom de famille), **byôin** (hôpital), **hyôgen** (expression), **yakyû** (base-ball), **kyôto** (Kyôto), **ryôri** (cuisine), **kyôiku** (éducation), **hyômen** (surface)

C'est le moment de faire une petite synthèse, car dans le même mot, il est très fréquent qu'on trouve plusieurs nouveautés à la fois.
Ex. : **nôgyô** (agriculture), première syllabe avec un **o** long, deuxième syllabe **g+y+o** long, のうぎょう ; **happyaku** (huit cents), consonne redoublée puis **p+y+a**, はっぴゃく.

Entraînement 5

Autodictée :
yûryô (payant), **hokkyoku** (le pôle Nord), **byôdô** (égalité), **yûbinkyoku** (bureau de poste), **happyô** (annonce), **roppyaku** (six cents), **kôgyô** (industrie), **nôryoku** (capacité), **bessô** (villa), **dôryô** (collègue), **kankôkyaku** (touriste), **tôkyô** (Tôkyô), **hokkaidô** (Hokkaidô), **ryûkô** (la mode), **yôkyû** (demande), **hôsôkyoku** (station émettrice).

Bravo ! Alors prêt pour la dernière nouveauté ?

Graphie des syllabes : sh, j, ch + a, u, o

Il reste le cas des consonnes **sh**, **j** et **ch** pour lesquelles les hiragana permettent d'écrire seulement leur combinaison avec un **i** : **shi** し, **ji** じ, **chi** ち.

Apparaissent des syllabes dans lesquelles elles sont suivies de **a**, **u** ou **o** (remarquons en passant que le **e** se tient bien à l'écart de tout cela !).
La convention ressemble à la précédente : on utilise le hiragana concerné suivi d'un petit **ya**, d'un petit **yu** ou d'un petit **yo**, écrits plus petits et alignés sur le bas. Différence, le **y** n'est pas du tout prononcé. Ce qui donne : **sha** しゃ, **shu** しゅ, **sho** しょ, **ja** じゃ, **ju** じゅ, **jo** じょ, **cha** ちゃ, **chu** ちゅ, **cho** ちょ.

Entraînement 6

densha	train	でんしゃ			
shurui	sorte	しゅるい			
basho	lieu	ばしょ			
jama	dérangement	じゃま			
junbi	préparatifs	じゅんび			
kinjo	voisinage	きんじょ			
chakuriku	atterrisage	ちゃくりく			
chokin	épargne	ちょきん			

Autodictée :
cha (thé), **toshokan** (bibliothèque de prêt), **shashin** (photo), **chokusetsu** (direct), **saisho** (premier), **shujutsu** (opération chirurgicale), **isha** (médecin), **shokuji** (repas), **chanto** (correctement), **chokugo** (juste après), **kaisha** (entreprise), **kashu** (chanteur, -euse), **untenshu** (chauffeur), **jitensha** (vélo), **jimusho** (bureau [lieu de travail]), **chosaken** (droits d'auteur), **bijutsu** (les arts), **shakai** (la société).

Avouez que vous vous en doutiez... Évidemment, le **o** ou le **u** peuvent être longs ! C'est même le cas le plus fréquent. Mais à présent, vous êtes habitué. Vous trouvez tout seul la solution : ajouter le **u** う qui indique que la voyelle précédente est longue. C'est à vous !

Entraînement 7

jûsho	adresse	じゅうしょ		
uchû	l'Univers	うちゅう		
jôbu	solide	じょうぶ		
renshû	exercice	れんしゅう		
jûbun	suffisant	じゅうぶん		
chûgoku	la Chine	ちゅうごく		
jôken	condition	じょうけん		
shûmatsu	week-end	しゅうまつ		
jûtaku	logement	じゅうたく		
kachô	chef de service	かちょう		

Et maintenant, le bouquet final ! Certains mots comportent deux, voire trois nouveautés. Dernier test : si vous savez écrire les mots de la dictée qui suit, vous êtes vraiment au point ! En cas d'hésitation, faites quelques petits retours en arrière, cela est toujours utile.

Entraînement 8

Autodictée :
jôhôkagaku (informatique), **chûkaryôri** (cuisine chinoise), **hikôjô** (aéroport), **shuppatsu** (départ), **ryokô** (voyage), **shitsugyôsha** (chômeur), **shutchô** (voyage d'affaires), **kyôkasho** (manuel scolaire), **shusseki** (présence), **rikkôhosha** (candidat à une élection), **shokugyô** (profession), **shuyôkoku shunô** (les grandes puissances), **kyakkanteki byôsha** (description objective).

Vous avez terminé ? Alors passons maintenant aux katakana, avec, comme d'habitude, leur lot de surprises amusantes...

Les katakana

Pour les katakana, nous procéderons un peu différemment. Avec les hiragana, le problème premier était de transcrire les mots d'origine chinoise. Les solutions adoptées ont été de jouer sur la taille ou sur l'utilisation conventionnelle de certains signes. Les katakana, quant à eux, servent à écrire des mots empruntés à diverses langues, autres que le chinois, massivement de l'anglais américain. Évidemment, toutes sortes de nouvelles syllabes vont s'avérer impossibles à écrire seulement avec les katakana existants.
Pas de panique ! En fait, les solutions restent les mêmes : jouer sur la taille et créer de nouvelles conventions. Simplement, il y aura de plus en plus de nouveautés. Nous ne nous attarderons pas trop sur les solutions exactement identiques à celles adoptées pour les hiragana, afin de passer plus de temps avec les nouveautés.

Graphie des syllabes avec voyelles longues

Sont considérées comme longues les voyelles accentuées dans la langue d'origine. Donc peuvent être longues, non seulement **o** et **u**, mais les autres : **a**, **i**, **e**. C'est le seul cas où nous rencontrons l'invention d'un nouveau signe : pour noter la voyelle longue, on fait suivre le katakana qui comporte cette voyelle par un tiret tout à fait symbolique (on étire le son). Ce tiret se trace à mi-hauteur du kana. Ex. : **chîzu** (fromage) チーズ (souriez... !).

Entraînement 9

kôto	*coat*	manteau	コート			
consâto	*concert*	concert	コンサート			
furûtsu	*fruits*	fruits	フルーツ			
bîru	*beer*	bière	ビール			
supûn	*spoon*	cuillère	スプーン			
sêtâ	*sweater*	pull	セーター			
kôhî	*coffee*	café	コーヒー			

Entraînement 9 suite

Autodictée :
erebêtâ (*elevator*/ascenseur), **supîdo** (*speed*/vitesse), **hômu** (*(plat)form*/quai), **têburu** (*table*/table), **repôto** (*report*/rapport), **tôsutâ** (*toaster*/grille-pain), **batâ** (*butter*/beurre), **hanbâgu** (*hamburger*), **CDpurêyâ** (*CDplayer*/lecteur de CD), **aisukurîmu** (*ice cream*/glace).

Graphie des consonnes doubles

Rien de neuf ici. Même solution : un petit **tsu** ッ. Simplement, il y a deux nouvelles possibilités : **gg** et **dd**. Et bien sûr, dans le mot, il sera possible de trouver des voyelles longues.

Entraînement 10

matchi	*match*	allumette	マッチ		
beddo	*bed*	lit	ベッド		
baggu	*bag*	sac	バッグ		
poketto	*pocket*	poche	ポケット		
robotto	*robot*	robot	ロボット		
pînattsu	*peanuts*	cacahuètes	ピーナッツ		
sakkâ	*soccer*	football	サッカー		
messêji	*message*	message	メッセージ		

Autodictée :
roketto (*rocket*/fusée), **sandoitchi** (*sandwich*), **daietto** (*diet*/régime alimentaire), **kappu** (*cup*/tasse), **hottodoggu** (*hot dog*), **yotto** (*yacht*), **petto** (*pet*/animal de compagnie), **appâkatto** (*uppercut*/uppercut), **abekku** (*avec*/en couple), **intânetto** (*internet*/Internet), **kurejittokâdo** (*credit card*/carte de crédit).

Graphie des syllabes : consonne + semi-consonne y + voyelle

Cette combinaison, plutôt rare, est traitée comme pour les hiragana ; le kana qui comporte la voyelle **i** + un petit **ya** ャ, **yo** ョ ou **yu** ュ. Bien sûr, la voyelle **a**, **o** ou **u** peut être longue. Et il y a des combinaisons inédites, par exemple ce dont il ne faut jamais manquer : **hûmoa** ヒューモア (l'humour !).

Entraînement 11

kyabetsu	*cabbage*	chou	キャベツ		
gyangu	*gang*	gangster	ギャング		
kyampu	*camp*	camping	キャンプ		
kyarameru	*caramel*	caramel	キャラメル		

Autodictée :
kyabarê (cabaret), **menyû** (carte [au restaurant]), **abangyarudo** (avant-garde), **konpyûta** (*computer*/ordinateur).

Graphie des syllabes : sh, j, ch + a, o, u, mais aussi + e

Beaucoup plus fréquente que les graphies vues au paragraphe précédent, et même solution que pour les hiragana, au moins en ce qui concerne **a**, **o**, **u** : le kana qui comporte la voyelle **i** (**shi** シ, **ji** ジ, **chi** チ) + petit **ya** ャ, **yo** ョ ou **yu** ュ. Mais il n'existe pas de « ye » ! Pas de panique, nous nous en occuperons plus loin. N'oubliez pas que la voyelle **a**, **o**, **u** ou **e** peut être longue.

Entraînement 12

shanpen	*champagne*	champagne	シャンペン		
jogingu	*jogging*	jogging	ジョギング		

Entraînement 12 suite

jazu	*jazz*	jazz	ジャズ		
jamu	*jam*	confiture	ジャム		
chokorêto	*chocolate*	chocolat	チョコレート		
amachua	*amateur*	amateur	アマチュア		
shanpû	*shampoo*	shampoing	シャンプー		

Autodictée :
channeru (*channel*/chaîne [de télé]), **chûrippu** (*tulip*/tulipe), **waishatsu** (*white shirt*/chemise d'homme), **jânalisuto** (*journalist*/journaliste), **inobêshon** (*innovation*/innovation) **shûkurîmu** (chou (à la) *cream*/crème), **ôtokuchûru** (haute-couture).

Mais, sans « ye », que faire pour les syllabes **she**, **je**, **che** ? Reprendre le système qui consiste à faire suivre la syllabe d'un petit kana, qui représentera la voyelle. On utilisera tout simplement un petit **e** : ェ. Cela donne : シェ, ジェ, チェ. Attention aux voyelles longues.

Entraînement 13

shêma	*schema*	schéma	シェーマ	
jerî	*jelly*	gelée	ジェリー	
êjenshî	*agency*	agence	エージェンシー	
chero	*cello*	violoncelle	チェロ	
jesuchuâ	*gesture*	mimique	ジェスチュア	

Autodictée :
sherupa (*sherpa*), **shêbâ** (*shaver*/rasoir), **shefu** (chef (cuisinier)), **shekuhando** (*shake hand*/poignée de main), **shepâdo** (*shepherd*/berger allemand), **jetto** (*jet* [avion]), **chenbaro** (*cembalo*/clavecin), **cherî** (*cherry*/cerise).

Et maintenant, départ pour l'inconnu. Il nous manque encore beaucoup de syllabes que réclame la transcription de l'anglais (ou autre). Nous allons en faire le tour. Vous verrez qu'on applique les mêmes principes ; seulement, on les étend à de plus nombreuses combinaisons.

Graphie des syllabes ti et di

Deux solutions coexistent dans l'usage actuel, qui est un peu flottant à ce sujet : soit transcrire par **chi** チ et **ji** ジ, soit inventer une graphie un peu plus proche de la prononciation réelle, en utilisant le même type de convention que précédemment : pour **ti** on utilise le katakana **te** en grand テ, suivi d'un petit **i** ィ, **ti** ティ; pour **di** on utilise le même kana avec les deux petits points **de** デ, suivi aussi d'un petit **i** ィ, **di** ディ. Le **ti** ティ est très utilisé dans la transcription des mots anglais finissant par -ty (avec en général un **i** long).

Entraînement 14

disuko	*disco*	discothèque	ディスコ		
mobilitî	*mobility*	mobilité	モビリティー		
mirukutî	*milk tea*	thé au lait	ミルクティー		
atisuto	*artist*	artiste	アティスト		
media	*media*	média	メディア		

Autodictée :
kêsusutadî (*case study*/étude de cas), **torêsabilitî** (*tracibility*/traçabilité), **supagetti** (spaghetti), **borontiya** (*volunteer*/bénévole), **puraioritî** (*priority*/priorité), **aidentiti** (*identity*/identité).

Graphie des syllabes f + voyelle : fa, fi, fu, fe, fo

On a bien un **fu** フ, mais c'est tout ! Comme vous êtes maintenant tout à fait aguerri, vous voyez déjà se profiler la solution : on va utiliser ce **fu** écrit en grand, suivi de la voyelle nécessaire écrite en petit : **fa** ファ, **fi** フィ, **fe** フェ, **fo** フォ.

Entraînement 15

asufaruto	*asphalt*	asphalte	アスファルト		
ofisu	*office*	bureau	オフィス		
firutâ	*filter*	filtre	フィルター		
ferî	*ferry*	ferry	フェリー		
fenshingu	*fencing*	escrime	フェンシング		
fôku	*fork*	fourchette	フォーク		
fôramu	*forum*	forum	フォーラム		

Autodictée :
famirî (*family*/famille), **shinfonî** (*symphony*/symphonie), **fidobakku** (*feedback*), **firumu** (*film*/pellicule), **fâsutokurasu** (*first class*/première classe), **fôkasu** (*focus*/focus), **fîto** (*feet*/pied [mesure]), **fairu** (*file*/classeur).

Graphie des syllabes w + voyelle : wa, wi, wu, we, wo

Plutôt nombreuses en anglais. On a à notre disposition un **wa** ワ, mais c'est tout, et on ne va même pas s'en resservir, car on a une meilleure solution : le **u** ウ, prononcé assez proche de notre [ou]. Il suffira de lui ajouter la voyelle nécessaire, en plus petit bien sûr : **wi** ウィ, **we** ウェ, **wo** ウォ. Le **wu** pose un petit problème, on évite un bizarre « ウゥ » en se contentant d'un **u** tout seul. Ainsi la laine/*wool* s'écrira ウール, mais le cas est plutôt rare.

Entraînement 16

werukamu	*welcome*	bienvenue	ウェルカム		
wisukî	*whisky*	whisky	ウィスキー		
wôtâ	*water*	eau	ウォーター		
wokka	*vodka*	vodka	ウォッカ		

Entraînement 16 suite

Autodictée :
wîkuendo (*weekend*), **wesuto** (*waste*/gaspillage), **wosshu** (*wash*/lessive), **winnakôhî** (*Vienna coffee*/café viennois).

Reste le cas du **v**, totalement absent du japonais. La graphie habituelle consiste à le remplacer par **b** : télévision **terebi** テレビ, video **bideo** ビデオ. Mais toujours dans le même esprit, il arrive qu'on trouve une autre solution : on réemploie le **u**, mais en lui adjoignant les deux petits points : ヴ = **v**. Ex. : **ârunûvô** アールヌーヴォー (Art nouveau). Et nous ne sommes peut-être pas au bout de nos surprises à l'avenir !

Le bouquet final : si vous écrivez sans (trop) hésiter les mots suivants, vous êtes vraiment très fort ! Bravo, bravissimo ! Si non, quelques retours en arrière s'imposent.

Entraînement 17

Autodictée :
komyunikêshon (*communication*/communication), **weddingu doresu** (*wedding dress*/robe de mariée), **fesutibaru** (festival), **handikyappu** (*handicap*/handicap [courses de chevaux]), **fasshon** (*fashion*/mode), **shoppingu sentâ** (*shopping center*/centre commercial), **arufabetto** (*alphabet*/alphabet), **faundêshon** (*fondation*/fond de teint), **bâdo wotchingu** (*bird watching*/observation des oiseaux), **furasshu** (*flash*), **chekku in** (*check in*/enregistrement), **waifai** (*WiFi*/wifi).

Un petit plus...

Il serait peut-être temps de se demander ce que signifient les mots **hiragana** et **katakana** ! En kanji, ils s'écrivent respectivement 平仮名 et 片仮名. À l'époque où ils ont été inventés, le mot **kana** 仮名 s'opposait à **mana** 真名. Et **mana** 真名, littéralement « le véritable nom », désignait les kanji, la véritable écriture. Par opposition, **kana** 仮名, littéralement « le nom emprunté », désignait le fait d' « emprunter » un kanji comme signe phonétique. Les kana résultant de la simplification de kanji, dont le tracé devenait alors fluide (**hira** 平), ont été appelés « noms empruntés fluides » ou **hiragana** 平仮名.
Les kana, qui sont un morceau (**kata** 片) de kanji, ont été appelés « noms empruntés (consistant en) un morceau » ou **katakana** 片仮名. Et voilà !

Les kanji

Qu'est-ce qu'un kanji (漢字) ?

kanji 漢字 : « écriture des Han », en d'autres termes « écriture chinoise », écriture empruntée à la Chine. Mais surtout : alliance indissociable d'une **forme**, d'un **sens** et d'un **son**.

Une forme : Un kanji, c'est un petit dessin qui veut dire quelque chose. On a longtemps appelé « idéogramme » ce genre d'écriture. Bien sûr, ce petit dessin évoque une idée. Mais seulement si on l'a appris. L'idée ne peut pas se déduire directement de la forme, sauf pour quelques kanji reproduisant un élément naturel ou un objet comme *la rivière* 川, *la montagne* 山. Mais reconnaît-on vraiment *un sabre* dans 刀, *un arbre* dans 木 ou *le soleil* dans 日 ?

Un sens : En même temps que la forme, il faut donc apprendre le sens. Parfois un seul kanji peut correspondre à des idées que nous exprimons, nous, par des mots différents. Ainsi 日 signifie *le soleil*, mais aussi *un jour*. 金 c'est *l'or*, mais aussi *le métal* en général et même *la monnaie*. Souvent, le sens est très large et correspond à plusieurs mots français comme 道 qui désigne tout ce qui sert à cheminer : *un sentier, un chemin, une route, une voie...*

Un son : Les kanji servent à écrire des mots japonais, japonais d'origine ou chinois adapté. Aussi un kanji a, en général, au moins deux prononciations, dites « lectures » : la japonaise (notée en *minuscules italiques*) et la sino-japonaise (notée en MAJUSCULES), cette dernière employée presque uniquement dans des mots composés. Les emprunts au chinois se sont faits à diverses époques et de divers lieux, il y a donc parfois plusieurs lectures sino-japonaises. La même idée pouvant s'exprimer en japonais par un nom, un verbe ou un adjectif, il y aura souvent plusieurs lectures japonaises. Attention, il arrive qu'il soit nécessaire de compléter le kanji par un ou des kana pour obtenir le mot japonais entier. La transcription correspondante sera mise entre parenthèses. Ex. : oo(kii) « être grand », ta(beru) « manger ».

Comment utiliser les pages suivantes

Sur chaque page de kanji vous trouverez en haut, en bleu : **le(s) son(s) et le(s) sens** ; **un exemple de mot composé** ; et parfois, précédée(s) d'un astérisque, **une (d') autre(s) lecture(s) possible(s)**. En général, sont présentés un son japonais, un son sino-japonais (il peut aussi arriver qu'il n'y ait qu'un des deux), un sens. Mais attention : une lecture sino-japonaise peut correspondre à plusieurs mots japonais en recouvrant l'ensemble de leurs sens, qui ne seront alors pas répétés (par ex. p. 41, 52, 63, etc.). Et enfin, **la forme**. Le kanji est d'abord montré « décomposé », suivant l'ordre de traçage : repassez sur les traits gris, puis décomposez vous-même le kanji sur la ligne vide. Ensuite, une fois la décomposition assimilée, entraînez-vous à écrire le kanji entier dans les cases prévues à cet effet.

Tracer un kanji

Connaître et respecter l'ordre des traits qui composent un kanji est essentiel pour pouvoir le tracer lisiblement et harmonieusement. Mais aussi pour être capable d'en compter les traits afin de le chercher dans un dictionnaire ou une liste. Nous vous donnons ici les règles essentielles, en prenant comme exemple des kanji que vous allez apprendre par la suite.

Le trait, deux règles de base :

– Un trait horizontal se trace de gauche à droite : ー

– Un trait vertical se trace de haut en bas : ｜

Attention, un trait peut changer de direction : 島 島 毎 毎

Le kanji, deux règles de base :

– Un kanji se trace de haut en bas :

言 会 立

– Un kanji se trace de gauche à droite :

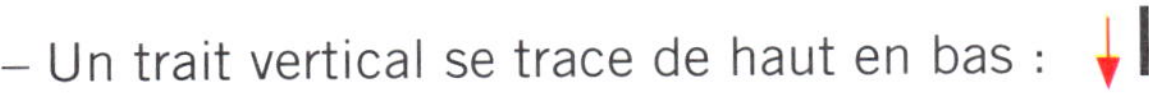

人 代 行

Autres règles utiles :

– Quand un (des) trait(s) horizontal(aux) et un (des) trait(s) vertical(aux) se croise(nt), c'est l'horizontal qu'on trace en premier : 大 時 有

Parfois un trait vertical traverse tout le kanji, il est tracé en dernier : 車

Mais si ce trait traverse sans dépasser ni en haut ni en bas, le trait horizontal du bas est tracé en dernier : 理

– Quand un kanji est organisé symétriquement autour d'un élément central c'est celui-là qu'on trace en premier : 小 水

– Le carré (rectangle) se trace en 3 traits : 口 1 2 3

Quand ce carré (rectangle) contient d'autres traits, le trait du bas est tracé en dernier, une fois le carré (rectangle) rempli :

国　　　　　　　　日

hi, **NICHI** : soleil, jour - **JITSU** : jour
日食 **NISSHOKU** : une éclipse de soleil
* *-ka, -bi*, NI, NIK-, NIP-, NISH-

丨 冂 月 日

丨 冂 月 日

日 日

本 *moto* : origine - **HON** : origine, livre
本来 **HONRAI** : originellement

一	十	才	木	本
一	十	才	木	本

本 本

島

shima, **TÔ** : île

来島 **RAITÔ** : arrivée dans une île

* -*jima*

ノ	丨	户	户	白	白	鸟	鸟	島	島

島 島

国

kuni, **KOKU** : pays

国会 **KOKKAI** : assemblée nationale

* *-guni*, -GOKU, KOK-

国 国

語

kata(ru) : raconter - **GO** : raconter, langue
外国語 **GAIKOKUGO** : langue étrangère
* *-gatari*

語 語

話

hana(su), **WA** : parler - *hanashi* : histoire, récit

会話 **KAIWA** : conversation

* *-banashi*

丶	亠	亖	言	言	訁	訐	訐	話	話	話
丶	亠	亖	言	言	訁	訐	訐	話	話	話

話	話				

kubi : cou, tête - **SHU** : cou, tête, élément principal

首長 **SHUCHÔ** : chef, leader

首 首

都

miyako, **TO** : capitale d'un pays
都会 **TOKAI** : grande ville
* TSU

一 土 耂 耂 者 者 者 都 都

一 土 耂 耂 者 者 者 都 都

都 都

東 *higashi*, **TÔ** : l'est
東国 **TÔKOKU** : provinces de l'est

一	𠂆	巨	百	亘	申	東
一	𠂆	巨	百	亘	申	東

東 東

京 *miyako*, **KYÔ** : capitale d'un pays
京都 **KYÔTO** : Kyôto (= la ville capitale)

丶 亠 亠 亡 古 亨 京 京

丶 亠 亠 亡 古 亨 京 京

京 京

Entraînement 1

Exercez-vous à écrire des phrases japonaises entières, en mêlant kanji et kana. Attention, n'oubliez pas le point final (le petit rond) ! Vous trouverez pour chaque phrase sa transcription et son sens. La traduction « normale » est suivie d'une traduction mot à mot. Pour certains mots grammaticaux, impossibles à traduire car ils expriment une fonction, celle-ci sera indiquée entre crochets. Ce premier entraînement a pour thème le Japon, thème qui sera repris dans l'entraînement 2, d'où les intitulés numérotés (Le Japon 1, Le Japon 2). Tous les entraînements suivants (à l'exception de l'entraînement 9) aborderont ainsi un thème en deux parties, numérotées 1 et 2.

日	本	1

nihon ichi
➜ Le Japon 1 *(Japon 1)*

日	本	は	島	国	で	す	。

nihon wa shimaguni desu.
➜ Le Japon est un pays insulaire *(Japon [thème] pays-insulaire c'est).*

そ	こ	で	日	本	語	で	話	し	ま	す	。

soko de nihongo de hanashimasu.
➜ On y parle le japonais *(là [lieu] langue-japonaise [moyen] parler).*

首	都	は	東	京	で	す	。

shuto wa tôkyô desu.
➜ Sa capitale est Tôkyô *(capitale [thème] Tôkyô c'est).*

À vous !
Remplissez les cases (sans regarder les phrases ci-dessus) et n'oubliez pas le point final !

tôkyô wa nihon no shuto desu.
➜ Tôkyô est la capitale du Japon *(Tôkyô [thème] Japon [relation] capitale c'est).*

furansu de furansugo de hanashimasu.
➜ En France on parle français *(France [lieu] langue-française [moyen] parler).*

大

oo(kii), **DAI, TAI** : être grand

大会 **TAIKAI** : grande réunion, congrès, meeting

* *oo-*

一 ナ 大

一 ナ 大

大 大

会

a(u), **KAI** : rencontrer
社会 **SHAKAI** : la société

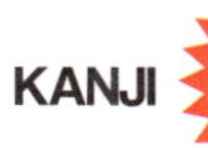

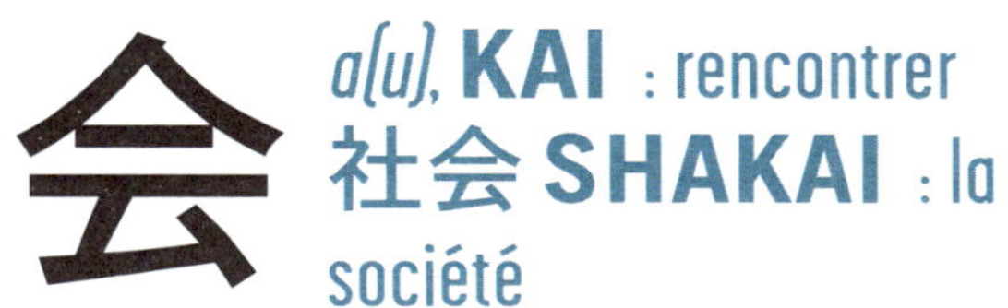

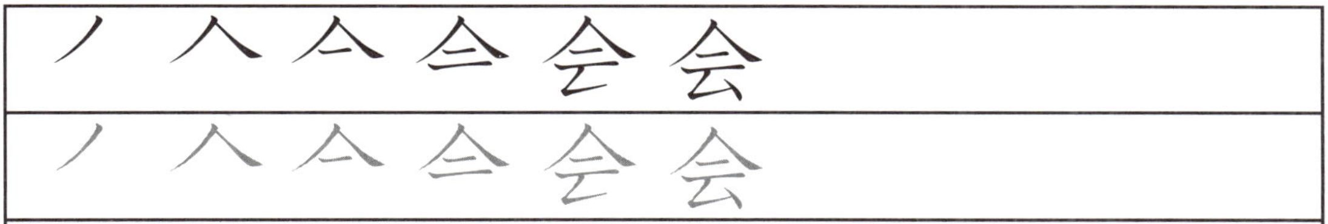

会 会

古

furu[i], **KO** : être vieux, être ancien

古代 **KODAI** : la période ancienne

一 十 𠂇 古 古

一 十 𠂇 古 古

古 古

神 *kami*, **SHIN** : dieu, les dieux
神道 **SHINTÔ** : la religion shintô

`	ラ	ネ	ネ	ネ	祁	神	神	神
`	ラ	ネ	ネ	ネ	祁	神	神	神

神 神

社

SHA : association
会社 **KAISHA** : entreprise, société

丶 ㇇ 礻 礻 礻一 社 社
丶 ㇇ 礻 礻 礻一 社 社

社 社

現

GEN : actuel, présent

現金 **GENKIN** : argent liquide

一 丁 干 王 玑 玑 玥 玥 珼 現

一 丁 干 王 玑 玑 玥 玥 珼 現

現 現

代

kawa(ru) : remplacer - **DAI** : remplacer, génération, période
時代 **JIDAI** : période de l'histoire

ノ	亻	亻一	代	代
ノ	亻	亻一	代	代

代	代				

建

ta(teru), **KEN** : construire
建言 **KENGEN** : pétition
* *-da(te)*

㇕	⺕	⺕	⺕	亖	聿	聿	建	建

建 建

物

mono, **BUTSU**, **MOTSU** : chose, objet
見物 **KENBUTSU** : visite (de monuments, etc.)

ノ	𠂉	㐄	牛	牜	牞	物	物
ノ	𠂉	㐄	牛	牜	牞	物	物

物 物

見

mi(ru) : voir - *mi(eru)* : être visible - **KEN**

見本 *mi* **HON** : échantillon

丨	冂	月	月	目	貝	見
丨	冂	月	月	目	貝	見

見	見				

Entraînement 2

日	本	2

nihon ni
→ Le Japon 2 *(Japon 2)*

京	都	も	大	き	い	都	会	で	す	。

kyôto mo ookii tokai desu. → Kyôto aussi est une grande métropole *(Kyôto aussi être-grand métropole c'est).*

古	い	神	社	が	た	く	さ	ん	あ	り	ま	す	。

furui jinja ga takusan arimasu. → On y trouve beaucoup de temples anciens *(être-ancien temple [sujet] beaucoup se-trouver).*

現	代	の	建	物	も	見	ら	れ	ま	す	。

gendai no tatemono mo miraremasu. → On peut y voir aussi des bâtiments modernes *(moderne [relation] bâtiment aussi pouvoir-être-vu).*

À vous ! (On cache les phrases... et attention au point final !)

kyôto ni furui jinja ga miraremasu. → À Kyôto on peut voir des temples anciens *(Kyôto [lieu] être-ancien temple [sujet] pouvoir-être-vu).*

gendai no tatemono ga arimasu. → Il y a des bâtiments modernes *(moderne [relation] bâtiments [sujet] se-trouver).*

nyûyôku wa ookii tokai desu. → New York est une grande métropole *(New York [thème] être-grand métropole c'est).*

来 *ku(ru)*, **RAI** : venir

来月 **RAIGETSU** : le mois prochain

一	丆	㓁	丽	平	来	来

来 来

週

SHÛ : semaine
週間 **SHÛKAN** : durée d'une semaine

丿	冂	冂	円	用	用	周	周	周	调	週
丿	冂	冂	円	用	用	周	周	周	调	週

週	週				

天 TEN : ciel
天国 TENGOKU : paradis

一 二 チ 天

一 二 チ 天

天 天

気 KI : esprit, souffle

気分 **KIBUN** : disposition, humeur

丿 𠂉 𠂇 气 気 気

予 YO : à l'avance

予見 YOKEN : prévision

フ マ 予 予

フ マ 予 予

予 予

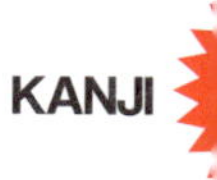

報 HÔ : nouvelles, récompense

報国 **HÔKOKU** : dévouement à son pays

十	土	去	壺	幸	幸フ	幸卩	報	報
十	土	去	壺	幸	幸フ	幸卩	報	報

報	報				

月

tsuki, **GETSU** : lune, mois - **GATSU** : mois
月日 *tsukihi* : le temps (qui passe), **GAPPI** : la date

丿	冂	月	月
丿	冂	月	月

月	月				

曜 YÔ : jour de la semaine

日曜日 NICHIYÔBI : dimanche

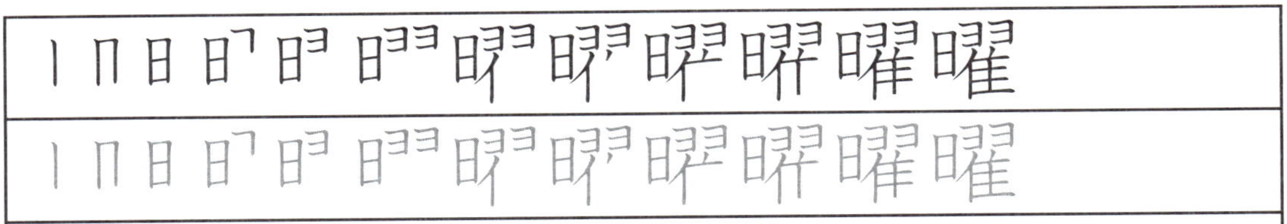

曜

曜

雨 雨

出

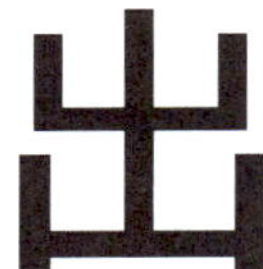

de(ru) : sortir - *da(su)* : faire sortir - **SHUTSU**

出家 **SHUKKE** : entrer dans les ordres (= quitter sa famille)

* SHUK-, SHUT-, SHUP-

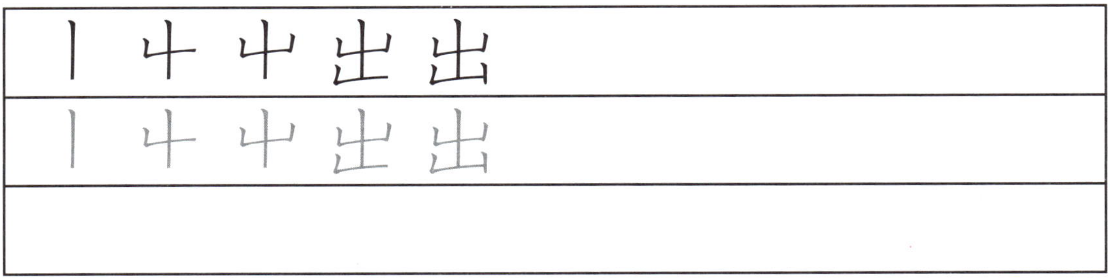

出 出

Entraînement 3

来	週	1

raishû ichi
➜ La semaine prochaine 1 *(semaine-prochaine 1)*

テ	レ	ビ	の	天	気	予	報	を	見	ま	す	。

terebi no tenki yohô o mimasu. ➜ Je regarde la météo à la télévision *(télévision [relation] temps prévision [objet] regarder).*

月	曜	日	は	大	雨	で	す	。

getsuyôbi wa ooame desu. ➜ Lundi, il pleuvra à verse *(lundi [thème] grande-pluie c'est).*

出	か	け	ま	せ	ん	。

dekakemasen.
➜ Je ne sortirai pas *(ne-pas-sortir).*

Quelques petits rappels de grammaire :
– les noms sont invariables. Dans la traduction mot à mot ils sont toujours au singulier.
– les verbes ne varient pas selon les personnes. Dans la traduction mot à mot nous les mettons à l'infinitif (bien qu'il n'existe pas d'infinitif en japonais). Il n'existe pas de formes de futur.
– les adjectifs d'une certaine catégorie sont en fait très proches des verbes. C'est pourquoi dans la traduction mot à mot nous les traduisons par « être + adjectif ».

À vous ! N'oubliez pas de cacher !

getsuyôbi wa terebi o mimasu. ➜ Le lundi je regarde la télévision *(lundi [thème] télévision [objet] regarder).*

raishû no tenki yohô desu. ➜ Ce sont les prévisions météo pour la semaine prochaine *(semaine-prochaine [relation] temps prévision c'est).*

家

ie, uchi, **KA** : maison

家長 **KACHÔ** : chef de famille

* *ya,* KE, GE

丶 丷 宀 宀 宁 宇 家 家 家 家

家 家

読 *yo(mu)*, DOKU, TOKU : lire

読本 DOKUHON : livre de lecture

`	言	言	言	言	言	言	言	読	読
`	言	言	言	言	言	言	言	読	読

読	読				

火

hi, **KA** : le feu
火気 **KAKI** : un feu

丶 丷 火 火

丶 丷 火 火

火 火

晴 *ha(reru)*, **SEI** : faire beau temps

晴天 **SEITEN** : temps magnifique

丨	冂	日	日一	日十	日丰	旪	晴	晴
丨	冂	日	日一	日十	日丰	旪	晴	晴

晴 晴

買

ka(u), **BAI** : acheter
売買 **BAIBAI** : commerce

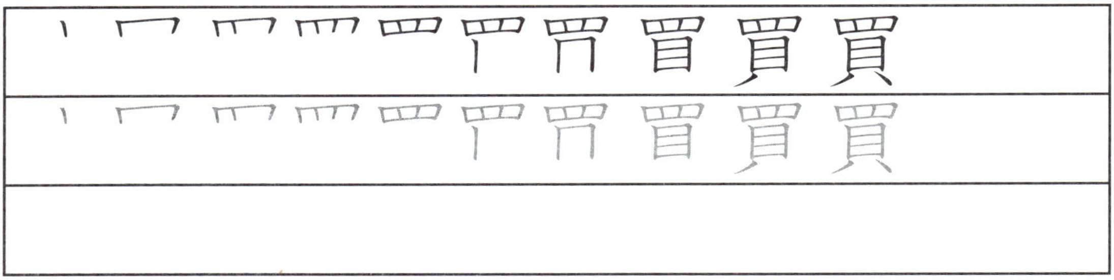

行 *i(ku)* : aller - *okona(u)* : accomplir - **KÔ, GYÔ**
行動 **KÔDÔ** : action, comportement

丿 彳 彳 行 行 行

丿 彳 彳 行 行 行

行 行

食

ta(beru), **SHOKU** : manger

食後 **SHOKUGO** : après le repas

ノ	人	𠆢	今	今	食	食	食
ノ	人	𠆢	今	今	食	食	食

食	食				

服 FUKU : vêtement

美服 BIFUKU : beau vêtement

丿	刀	月	月	月⁷	肙	服	服
丿	刀	月	月	月⁷	肙	服	服

服	服				

新

atara(shii), **SHIN** : nouveau, neuf

新月 **SHINGETSU** : la nouvelle lune

新 新

聞

ki[ku] : écouter, demander - *ki[koeru]* : être audible - **BUN**
見聞 **KENBUN** : connaissances acquises

Entraînement 4

来	週	2

raishû ni
➜ La semaine prochaine 2 *(semaine-prochaine 2)*

雨	の	日	は	家	で	本	を	読	み	ま	す	。

ame no hi wa uchi de hon o yomimasu.
➜ Les jours de pluie je reste lire à la maison *(pluie [relation] jour [thème] maison [lieu] livre [objet] lire).*

火	曜	日	は	晴	れ	で	す	。	買	物	に	行	き	ま	す	。

kayôbi wa hare desu. ➜ Mardi il va faire beau *(mardi [thème] beau-temps c'est).*
kaimono ni ikimasu. ➜ J'irai faire des courses *(courses [but] aller).*

食	べ	物	と	服	を	買	い	ま	す	。

tabemono to fuku o kaimasu.
➜ J'achèterai de la nourriture et des vêtements *(nourriture et vêtement [objet] acheter).*

本	と	新	聞	も	買	い	ま	す	。

hon to shinbun mo kaimasu.
➜ J'achèterai aussi des livres et des journaux *(livre et journal aussi acheter).*

À vous ! Maintenant vous savez, c'est la dernière fois qu'on vous le rappelle : on cache !

shinbun to fuku to tabemono o kaimasu.
➜ J'achète des journaux, des vêtements et de quoi manger *(journal et vêtement et nourriture [objet] acheter).*

旅

RYO : voyage

旅館 **RYOKAN** : auberge japonaise traditionnelle

* *tabi*

丶	亠	方	方	方	方	方	旅	旅	旅
丶	亠	方	方	方	方	方	旅	旅	旅

旅	旅				

遠

too(i), **EN** : être loin

遠大 **ENDAI** : de grande envergure

十 土 吉 吉 吉 吉 袁 袁 遠 遠

十 土 吉 吉 吉 吉 袁 袁 遠 遠

遠 遠

飛 *to(bu)*, **HI** : voler
飛行 **HIKÔ** : vol, aviation

乁	飞	飞	飞	飞	飞	飛	飛	飛
乁	飞	飞	飞	飞	飞	飛	飛	飛

飛	飛				

機

KI : occasion, machine

機会 **KIKAI** : occasion

機 機

場

ba, **JÔ** : lieu

場所 *ba***SHO** : lieu, endroit

一	十	土	圵	坦	垾	埸	場	場	場

場 場

電 *inazuma* : éclair - **DEN** : électricité

電気 **DENKI** : électricité

電 電

車 *kuruma*, **SHA** : roue, véhicule, voiture

水車 **SUISHA** : moulin à eau

一	厂	冂	亘	百	亘	車
一	厂	冂	亘	百	亘	車

車 車

長

naga(i), **CHÔ** : être long
長音 **CHÔON** : voyelle longue

丨 𠂆 𠃌 𠂆 長 長 長

丨 𠂆 𠃌 𠂆 長 長 長

長 長

時

toki : temps, moment - **JI** : temps, moment, (chiffre +) heure

時日 **JIJITSU** : jour, date

丨	冂	日	日	日一	日十	日土	日土	時	時
丨	冂	日	日	日一	日十	日土	日土	時	時

時 時

間 間

Entraînement 5

旅	行	1

ryokô ichi
➜ Le voyage 1 *(voyage 1)*

遠	い	国	へ	行	き	ま	す	。	飛	行	機	で	行	き	ま	す	。

tooi kuni e ikimasu. ➜ Je m'en vais pour un pays lointain *(être-loin pays [direction] aller).*
hikôki de ikimasu. ➜ J'y vais en avion *(avion [moyen] aller).*

ま	ず	飛	行	場	ま	で	電	車	で	行	き	ま	す	。

mazu hikôjô made densha de ikimasu.
➜ D'abord je vais jusqu'à l'aéroport en train *(d'abord aéroport jusque train [moyen] aller).*

長	い	時	間	が	か	か	り	ま	す	。

nagai jikan ga kakarimasu.
➜ Cela prend beaucoup de temps *(être-long temps [sujet] être-utilisé).*

À vous !

ryokô ni demasu. ➜ Je pars en voyage *(voyage [but] sortir).*
densha de ikimasu. ➜ J'y vais en train *(train [moyen] aller).*

hikôjô wa tooi desu. ➜ L'aéroport est loin *(aéroport être-loin c'est).*
jikan ga kakarimasu. ➜ Cela prend du temps *(temps [sujet] être-utilisé).*

hikôki de hon o yomimasu.
➜ Dans l'avion je lis *(avion [lieu] livre [objet] lire).*

有

YÛ : avoir
有料 **YÛRYÔ** : payant
* a(ru)

ノ ナ 冇 有 有 有

ノ ナ 冇 有 有 有

有 有

名 *na*, **MEI** : nom

名物 **MEIBUTSU** : spécialité (d'une région)

ノ	ク	タ	タ	名	名
ノ	ク	タ	タ	名	名

名	名				

美

utsuku(shii), **BI** : être beau
美食 **BISHOKU** : gastronomie
* MI

丶	丷	䒑	𦍌	𦍌	𦍌	𦍌	𦍌	美

美 美

術 JUTSU : art, technique

術語 JUTSUGO : terme technique

丿	彳	彳	行	行	秫	秫	術	術

丿	彳	彳	行	行	秫	秫	術	術

術 術

館

KAN : vaste résidence
館長 **KANCHÔ** : directeur, conservateur (de musée)

𠆢 𠆢 𠆢 𩙿 𩙿 𩙿 飠 飠 飠 館
𠆢 𠆢 𠆢 𩙿 𩙿 𩙿 飠 飠 飠 館

館 館

料 RYÔ : tarif, matériaux
食料 SHOKURYÔ : aliments, denrées

丶	丷	䒑	半	𠂉	米	米	米	米	料
丶	丷	䒑	半	𠂉	米	米	米	米	料

料 料

理 RI : raison, principes

物理 BUTSURI : la physique

一	丅	干	王	王l	玎	玗	玾	理	理

理 理

楽

tano(shii), **RAKU** : agréable, joyeux
楽天 **RAKUTEN** : optimisme
* GAKU, GAK-

水 *mizu*, **SUI** : eau froide
水道 **SUIDÔ** : l'eau courante

亅 ｺ 水 水
亅 ｺ 水 水

水	水				

帰 *kae(ru)*, **KI** : revenir chez soi

帰国 **KIKOKU** : retour au pays

帰 帰

Entraînement 6

旅	行	2

ryokô ni
→ Le voyage 2 *(voyage 2)*

有	名	な	美	術	館	を	見	ま	す	。

yûmei na bijutsukan o mimasu.
→ Je vais visiter des musées célèbres *(célèbre être musée [objet] regarder).*

お	い	し	い	料	理	も	食	べ	ま	す	。

oishii ryôri mo tabemasu.
→ Je vais manger de la délicieuse cuisine *(être-savoureux cuisine [objet] manger).*

楽	し	い	で	す	。	来	週	の	水	曜	日	に	帰	り	ま	す	。

tanoshii desu. → Que du bonheur ! *(être-agréable c'est)*
raishû no suiyôbi ni kaerimasu. → Je rentre mercredi de la semaine prochaine *(semaine-prochaine [relation] mercredi [date] revenir).*

À vous !

furansu ryôri wa yûmei desu.
→ La cuisine française est célèbre *(France cuisine célèbre c'est).*

suiyôbi ni bijutsukan ni ikimasu.
→ Mercredi je vais au musée *(mercredi [date] musée [but] aller).*

ryokô wa tanoshii desu. → Quel plaisir de voyager *(voyage [thème] être-agréable c'est).*
raishû kaerimasu. → Je rentre la semaine prochaine *(semaine-prochaine revenir).*

言 言

小

chii(sai), **SHÔ** : être petit
小国 **SHÔKOKU** : petit pays
* *ko-, o-*

亅 小 小

亅 小 小

小 小

町

machi, **CHÔ** : ville, quartier

町立 **CHÔRITSU** : communal

丨	冂	冊	田	田	田一	町
丨	冂	冊	田	田	田一	町

町 町

住 *su(mu)*, **JÛ** : habiter
住所 **JÛSHO** : adresse postale

ノ	亻	亻	亻	仁	仨	住

住 住

役 YAKU : poste, rôle

役所 YAKUSHO : bureau d'une administration

ノ ㇒ 彳 彳 ... 役
役 役

人

hito, **JIN**, **NIN** : être humain, les gens
人間 **NINGEN** : être humain, homme

丿 人
丿 人

人 人

每 MAI : chaque

每週 **MAISHÛ** : chaque semaine

丿 𠂉 𠂉 𠂉 毎 毎
丿 𠂉 𠂉 𠂉 毎 毎

毎 毎

朝

asa : matin - **CHÔ** : matin, dynastie

朝来 **CHÔRAI** : depuis le matin

一	十	𠂇	古	吉	直	草	朝	朝	朝

朝	朝				

自
JI : soi-même
自立 JIRITSU : indépendant
* SHI

動 *ugo(ku)*, **DÔ** : bouger

動物 **DÔBUTSU** : être animé, animal

一	二	千	亓	㐭	甬	重	重	動	動

動 動

Entraînement 7

月	島	さ	ん	1

tsukishima san ichi
➜ Monsieur Tsukishima 1 *(Tsukishima M. 1)*

月	島	と	言	い	ま	す	。

tsukishima to iimasu.
➜ Je m'appelle Tsukishima *(Tsukishima [citation] s'appeler).*

小	さ	い	町	に	住	ん	で	い	ま	す	。

chiisai machi ni sunde imasu.
➜ J'habite dans une petite ville *(être-petit ville [lieu] habiter).*

役	人	で	す	。

yakunin desu.
➜ Je suis fonctionnaire *(fonctionnaire c'est).*

毎	朝	町	役	場	ま	で	自	動	車	で	行	き	ま	す	。

maiasa machiyakuba made jidôsha de ikimasu.
➜ Tous les matins je me rends en voiture à la mairie *(tous-les-matins mairie jusque voiture [moyen] aller).*

À vous !

chiisai ie ni sunde imasu. ➜ J'habite dans une petite maison *(être-petit maison [lieu] habiter).*

maiasa jidôsha de ookii machi made ikimasu. ➜ Tous les matins je me rends en voiture à la grande ville *(tous-les-matins voiture [moyen] être-grand ville jusque aller).*

私

watakushi, watashi : je, moi - **SHI** : privé (vs public)

私立 **SHIRITSU** : privé

一	二	千	禾	禾	私	私
一	二	千	禾	禾	私	私

私 私

静 *shizu(ka)*, **SEI** : tranquille

静物 **SEIBUTSU** : nature morte

一	十	丰	青	青	青	青	青	青	静

一	十	丰	青	青	青	青	青	青	静

静 静

所

tokoro, **SHO** : lieu, endroit
所有 **SHOYÛ** : propriété, possession
* *-dokoro*

一 ㇇ ⺕ 戸 戸 所 所 所

庭 *niwa,* **TEI** : jardin

朝庭 **CHÔTEI** : la Cour impériale

丶 亠 广 广 庄 庄 庭 庭 庭

丶 亠 广 广 庄 庄 庭 庭 庭

庭 庭

木 *ki*, **MOKU, BOKU** : arbre
大木 **TAIBOKU** : grand arbre, arbre géant

一 十 才 木

一 十 才 木

木 木

ta(tsu): se lever, se dresser - *ta(teru)* : lever, dresser - **RITSU**

国立 **KOKURITSU** : national

* RIK-, RISH-, RIP-

後

ushi(ro) : derrière - *ato, nochi* : après - **GO, KÔ**

後日 **GOJITSU** : plus tard, un autre jour

道 *michi*, **DÔ** : chemin, route, voie

道理 DÔRI : la raison

丶 丷 䒑 䒑 䒑 首 首 首 道 道

丶 丷 䒑 䒑 䒑 首 首 首 道 道

道 道

海

umi, **KAI** : mer

海水 **KAISUI** : eau de mer

音

oto, **ON** : bruit, son

音楽 **ONGAKU** : musique

* *ne*

丶	亠	亠	立	立	产	音	音	音
丶	亠	亠	立	立	产	音	音	音

音	音				

Entraînement 8

月	島	さ	ん	2

tsukishima san ni
➜ Monsieur Tsukishima 2 *(Tsukishima M. 2)*

私	の	家	は	古	い	家	で	す	。

watashi no ie wa furui ie desu.
➜ Ma maison est une vieille maison *(moi [relation] maison [thème] être-vieux maison c'est).*

と	て	も	静	か	な	所	に	あ	り	ま	す	。

totemo shizuka na tokoro ni arimasu.
➜ Elle est dans un endroit très tranquille *(très tranquille être endroit [lieu] se-trouver).*

庭	に	大	き	い	木	が	立	っ	て	い	ま	す	。

niwa ni ookii ki ga tatte imasu.
➜ Dans mon jardin se dressent de grands arbres *(jardin [lieu] être-grand arbre [sujet] se-dresser).*

家	の	後	ろ	に	小	さ	い	道	が	あ	り	ま	す	。

ie no ushiro ni chiisai michi ga arimasu.
➜ Derrière la maison il y a un petit chemin *(maison [relation] derrière être-petit chemin [sujet] se-trouver).*

海	の	音	し	か	聞	こ	え	ま	せ	ん	。

umi no oto shika kikoemasen.
➜ Le seul bruit qu'on entend c'est celui de la mer *(mer [relation] bruit si-ce-n'est-pas ne-pas-être audible).*

kane : métal, argent (monnaie) - **KIN** : métal, argent, or
金言 **KINGEN** : aphorisme, maxime
* KON

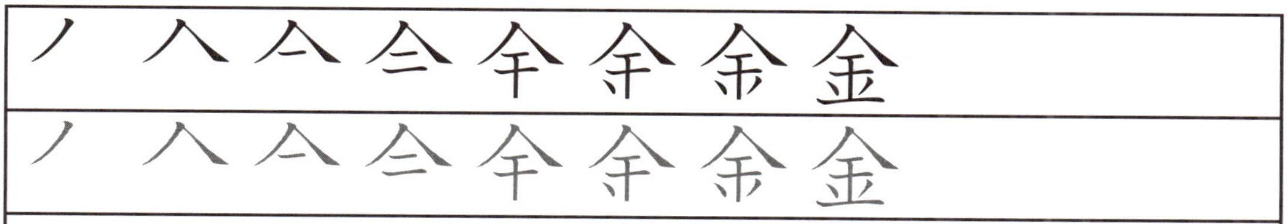

丿 八 亼 今 仐 全 金 金

持

mo(tsu), **JI** : tenir
気持 **KI***mochi* : sentiment, sensation

一	寸	扌	扌一	扌十	扗	拤	持	持
一	寸	扌	扌一	扌十	扗	拤	持	持

持	持

作

tsuku(ru), **SAKU** : fabriquer

自作 **JISAKU** : fait par soi-même

* SA, SAK-

ノ 亻 亻' 𠆢 竹 作 作

ノ 亻 亻' 𠆢 竹 作 作

作 作

思

omo(u), **SHI** : penser

思料 **SHIRYÔ** : la réflexion

丨	冂	冊	冊	田	田	思	思	思
丨	冂	冊	冊	田	田	思	思	思

思 思

明

aka(rui), **MEI** : être lumineux

明月 **MEIGETSU** : la pleine lune

* MYÔ

丨	冂	日	日	日丿	明	明	明
丨	冂	日	日	日丿	明	明	明

明 明

治

osa(meru) : gouverner - *osa(maru)* : être maîtrisé - **CHI**
治水 **CHISUI** : aménagement des eaux d'un fleuve
* JI

説 SETSU : opinion

説明 SETSUMEI : explication

丶 亠 亖 言 言 言 訁 訟 説 説
丶 亠 亖 言 言 言 訁 訟 説 説

説	説				

年

toshi, **NEN** : an, année

年間 **NENKAN** : année (durée)

丿 𠂉 𠂒 午 𠀋 年

丿 𠂉 𠂒 午 𠀋 年

年 年

外 *soto*, **GAI** : extérieur, dehors

外出 **GAISHUTSU** : sortie pour s'amuser

ノ　ク　タ　タ丨　外

ノ　ク　タ　タ丨　外

外　外

売 *u[ru]*, **BAI** : vendre
売名 **BAIMEI** : autopromotion

一 十 士 声 壳 売 売

一 十 士 声 壳 売 売

売 売

Entraînement 9

金	持	に	な	る

kanemochi ni naru
➜ Devenir riche *(riche [but] devenir)*

私	は	作	家	に	な	り	た	い	と	思	い	ま	す	。

watashi wa sakka ni naritai to omoimasu.
➜ J'ai l'intention de devenir écrivain *(moi [thème] écrivain [but] je-veux-devenir [contenu] penser).*

明	治	時	代	の	小	説	を	た	く	さ	ん	読	み	ま	す	。

meiji jidai no shôsetsu o takusan yomimasu.
➜ Je lis beaucoup de romans de l'époque de Meiji *(Meiji époque [relation] roman [objet] beaucoup lire).*

来	年	小	説	を	出	し	ま	す	。

rainen shôsetsu o dashimasu.
➜ L'année prochaine je sors un roman *(année-prochaine roman [objet] sortir).*

ベ	ス	ト	セ	ラ	ー	に	な	る	と	思	い	ま	す	。

besutoserâ ni naru to omoimasu.
➜ Je suis sûr qu'il va devenir un best-seller *(best-seller [but] devenir [contenu] penser).*

外	国	で	も	売	り	ま	す	。	金	持	ち	に	な	り	ま	す	。

gaikoku demo urimasu.
➜ Je vais le vendre même à l'étranger *(étranger même vendre).*
kanemochi ni narimasu.
➜ Je vais devenir riche *(riche [but] devenir).*

Écrire à la verticale

Dans de nombreux cas, comme les exercices présentés dans ce cahier, on peut écrire le japonais à l'horizontale, de gauche à droite. Mais il faut garder à l'esprit le fait que, traditionnellement, le japonais s'écrit (et se lit) à la verticale, de droite à gauche. C'est le cas des livres (romans, essais, etc.), des articles de journaux et de revues, etc. Un petit entraîne-

帰ります。

月島さん1　月島と言います。小さい町に住んでいます。役人です。毎朝町役場まで自動

車で行きます。

月島さん2　私の家は古い家です。とても静かな所にあります。庭に大きい木が立ってい

ます。家の後ろに小さい道があります。海の音しか聞こえません。

金持ちになる　私は作家になりたいと思います。明治時代の小説をたくさん読みます。

来年小説を出します。ベストセラーになると思います。外国でも売ります。金持ちにな

ります。

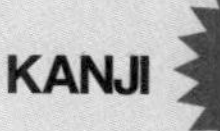

ment s'impose donc pour maîtriser le sens d'écriture traditionnel du japonais. Le tableau ci-dessous vous propose de retracer à la verticale, dans les colonnes vides, les phrases des entraînements de kanji 1 à 9 et leurs entrées thématiques (les intitulés Japon 1, Japon 2, etc.), à l'exclusion de la partie « À vous ! ».

DÉPART ↓

日本1　日本は島国です。そこで日本語で話します。首都は東京です。
日本2　京都も大きい都会です。古い神社がたくさんあります。現代の建物も見られます。
来週1　テレビの天気予報を見ます。月曜日は大雨です。出かけません。
来週2　雨の日に家で本を読みます。火曜日は晴れです。買物に行きます。食べ物と服を
買います。本と新聞も買います。
旅行1　遠い国へ行きます。飛行機で行きます。まず飛行場まで電車で行きます。長い時
間がかかります。
旅行2　有名な美術館を見ます。おいしい料理も食べます。楽しいです。来週の水曜日に

Comment classer les kanji

Il y a de nombreux cas où l'on a besoin de classer les mots d'une langue : bien sûr dans les dictionnaires, les index, mais également dans toutes sortes de listes.
Quand on classe les mots d'une langue écrite en alphabet latin, comme le français, on utilise l'ordre dit « alphabétique » : a, b, c, d... C'est-à-dire en fonction du son. Qu'en est-il des kanji ?

Rappelons-nous : un kanji = une forme, un sens, un son. Comme principe de classement, le son est exclu. Restent la forme et le sens. Et plus précisément le lien entre les deux.

Traditionnellement, tous les caractères chinois sont regroupés sous des thèmes (= sens) qui représentent toute la réalité du monde et de la vie : humain, homme, femme, enfant, animal, oiseau, poisson, insecte, végétal, minéral... tête, pied, jambe, oreille, œil, dent, croc... métal, eau, bois, feu, terre... vie, maladie, vieillesse... soleil/jour, lune... aller, voir, entendre, parler, manger, voler, marcher... petit, grand, long, haut, rouge, bleu, jaune, blanc, noir, etc.

Sous chacun de ces thèmes, sont regroupés les caractères qui ont une parenté de sens. Évidemment sous « animal » tous les noms d'animaux, sous « homme » toutes sortes d'actions humaines, sous « soleil/jour » tout ce qui a rapport au temps, sous « oreille » tout ce qui a rapport à l'ouïe, sous « maladie » tous les états de déficience, etc.

Prenons un exemple précis. Il existe un thème « parler/parole ». Sous ce thème, on va trouver le caractère signifiant *parler*, mais aussi les caractères signifiant *raconter*, *expliquer*, *lire*, *questionner*, *noter*, *approuver*, *traduire*, *commenter*, *poème*, *discussion* et encore beaucoup d'autres.

Cette parenté de sens se traduit par une parenté de forme. En effet tous ces caractères comportent une partie commune. Dans le cas du thème « parler/parole », cette partie commune est le caractère qui, employé tout seul, signifie « parole » et qui constitue la partie gauche des caractères composés :

parole = 言 lire = 読 raconter = 語 poésie = 詩 expliquer = 説 discuter = 話

On appelle « CLÉ » cette partie commune. Il en existe 214, classées elles-mêmes selon le nombre de traits qui les composent, de 1 à 17.

Bon nombre de clés sont des caractères autonomes, mais d'autres ne sont que des morceaux de caractères. En particulier les clés faites d'un seul trait qui, exceptionnellement, n'ont pas de sens mais sont seulement un repère de forme : trait horizontal, vertical, oblique, crochet.

Pour le caractère autonome, nous venons de voir le cas de 言. Pour le morceau de caractère, un bon exemple est celui de la clé dite « marcher » qu'on trouve dans 道 = chemin 遠 = lointain 週 = parcours. C'est la partie ⻌, qui ne peut jamais se rencontrer seule.

Une petite difficulté : la clé ne se trouve pas toujours au même endroit... Nous prendrons tous nos exemples dans les kanji que vous avez étudiés.

Dans la majorité des cas, la clé se trouve à gauche :

理 clé 王 (joyau) 町 clé 田 (rizière) 所 clé 戸 (porte) 旅 clé 方 (direction)
名 clé 夕 (soir) 静 clé 青 (vert-bleu) 場 clé 土 (terre)

Comme vous pouvez le constater, parfois, devenant clé, le caractère subit une petite transformation. Dans certains cas, la transformation peut être très forte. Ainsi pour la clé « humain », le caractère d'origine 人 devient 亻 quand il est clé :

住 clé 亻 作 clé 亻 代 clé 亻

La clé peut également se trouver :

– à droite : 都 clé 阝 (hameau) 動 clé 力 (force)

– tout autour : 国 clé 囗 (enclos)
ou sur deux côtés : 聞 clé 門 (portail) 庭 clé 广 (abri) 週 clé ⻌ (marcher)

– au-dessus : 古 clé 十 (dix) 京 clé 亠 (presse-papier) 家 clé 宀 (toit)

– au-dessous : 島 clé 山 (montagne) 思 clé 心 (cœur) 楽 clé 木 (arbre)

Une précision : le rapport entre le caractère et la clé sous laquelle il est classé est en général assez évident, mais dans certains cas, il a pu devenir opaque du fait de l'évolution des formes et des changements de sens inhérents à l'histoire de toute langue.

Pour aller plus loin

Les pages 19 et 20 ainsi que les deux pages qui précèdent vous présentent de façon quelque peu simplifiée l'univers des kanji. Vous avez certainement deviné qu'il y a encore beaucoup de choses à apprendre et de secrets à découvrir. Nous espérons vous avoir mis l'eau à la bouche et que vous n'allez pas en rester là ! Et ceci avec deux objectifs :

– mieux comprendre le système que constituent les caractères chinois, leur histoire, leur évolution ;

– continuer d'étudier les kanji. Vous avez pris de bonnes habitudes, vous avez compris la logique des tracés. Vous savez que pour un kanji donné, il faut connaître : sa forme, son (ses) sens, ses diverses prononciations. C'est le principe de base que vous devez continuer à appliquer dans votre étude. Pour tout kanji nouveau à apprendre, constituez-vous des fiches comportant ces trois éléments, comme les présentent les pages de ce cahier. Continuez à travailler à l'aide de papiers quadrillés pour être bien sûr du bon équilibre de vos tracés.

Bien sûr, sur Internet, vous trouverez une multiplicité de sites qui vous proposeront des informations, mais difficile de trouver les bons !
Nous citerons seulement deux ouvrages qui ont fait leurs preuves et restent les références :

Pour l'écriture chinoise :

L'écriture chinoise, par Viviane Alleton, Éditions des Presses Universitaires de France (PUF), 2002, « Que sais-je ? » n°1 374.
Pour tout savoir sur l'histoire des caractères chinois, leur composition, leur utilisation.

Comme manuel d'apprentissage des kanji :

Kanji et Kana, par Wolfgang Hadamitzky, Pierre Durmous et Violaine Mochizuki, Éditions Maisonneuve, 2011.
Ce manuel présente les 2 141 kanji dits « officiels » qui constituent la base de connaissance pour la lecture des textes japonais et donne les éléments pour les étudier.

Ne pas oublier aussi :

Le Japonais – L'écriture kanji, par Catherine Garnier et Mori Toshiko, Éditions Assimil, 2011 pour la dernière réédition.
Cet ouvrage donne les éléments pour étudier les 927 kanji qui apparaissent au fil des leçons de la méthode Assimil *Le Japonais*, collection « Sans peine ».

Les hiragana

Entraînement 1 (p. 6)

sekken (savon) せっけん, **karappo** (vide) からっぽ, **mattaku** (complètement) まったく, **kikkake** (occasion) きっかけ, **zappi** (frais divers) ざっぴ, **sakka** (écrivain) さっか, **hakkiri** (clairement) はっきり, **yatto** (enfin) やっと, **shippo** (queue) しっぽ, **asatte** (après-demain) あさって, **makkuro** (tout noir) まっくろ, **masshiro** (tout blanc) まっしろ, **ippai** (plein) いっぱい, **nettai** (les tropiques) ねったい, **nesshin** (enthousiaste) ねっしん, **kitte** (timbre-poste) きって, **bakkin** (amende) ばっきん, **sotchi** (par là) そっち, **shimeppoi** (humide) しめっぽい, **motto** (plus) もっと, **kokka** (nation) こっか, **sassoku** (immédiatement) さっそく, **shippai** (échec) しっぱい.

Entraînement 2 (p. 7)

yûbin (courrier) ゆうびん, **bôshi** (chapeau) ぼうし, **reizôko** (réfrigérateur) れいぞうこ, **sûji** (chiffre) すうじ, **gûzen** (par hasard) ぐうぜん, **nô** (cerveau) のう, **yûgata** (soir) ゆうがた, **seiyô** (l'Occident) せいよう, **tôyô** (l'Orient) とうよう, **kankô** (tourisme) かんこう, **futsû** (ordinaire) ふつう, **môfu** (couverture) もうふ, **riyû** (raison) りゆう, **rôdô** (travail) ろうどう, **fûkei** (paysage) ふうけい, **kôen** (jardin public) こうえん, **kûkan** (espace) くうかん, **tsûshin** (communication) つうしん, **undô** (mouvement) うんどう, **yûkô** (amitié) ゆうこう, **yôi** (préparatifs) ようい, **rôjin** (personne âgée) ろうじん, **môretsu** (violent) もうれつ, **fûfu** (couple) ふうふ, **hikôki** (avion) ひこうき.

Entraînement 3 (p. 8)

ryohi (frais de voyage) りょひ, **senkyo** (élections) せんきょ, **shinryaku** (invasion) しんりゃく, **kyoku** (pôle) きょく, **nyaa** (miaou) にゃあ, **kyodai** (énorme) きょだい, **gyogu** (engins de pêche) ぎょぐ, **kyonen** (l'année dernière) きょねん.

Entraînement 4 (p. 9)

nyûgaku (entrée à l'école) にゅうがく, **benkyô** (étude) べんきょう, **ryôji** (consulat) りょうじ, **kenkyû** (recherche) けんきゅう, **ryôkai** (compréhension) りょうかい, **myôji** (nom de famille) みょうじ, **byôin** (hôpital) びょういん, **hyôgen** (expression) ひょうげん, **yakyû** (base-ball) やきゅう, **kyôto** (Kyôto) きょうと, **ryôri** (cuisine) りょうり, **kyôiku** (éducation) きょういく, **hyômen** (surface) ひょうめん.

Entraînement 5 (p. 9)

yûryô (payant) ゆうりょう, **hokkyoku** (le pôle Nord) ほっきょく, **byôdô** (égalité) びょうどう, **yûbinkyoku** (bureau de poste) ゆうびんきょく, **happyô** (annonce) はっぴょう, **roppyaku** (six cents) ろっぴゃく, **kôgyô** (industrie) こうぎょう, **nôryoku** (capacité) のうりょく, **bessô** (villa) べっそう, **dôryô** (collègue) どうりょう, **kankôkyaku** (touriste) かんこうきゃく, **tôkyô** (Tôkyô) とうきょう, **hokkaidô** (Hokkaidô) ほっかいどう, **ryûkô** (la mode) りゅうこう, **yôkyû** (demande) ようきゅう, **hôsôkyoku** (station émettrice) ほうそうきょく.

Entraînement 6 (p. 10)

cha (thé) ちゃ, **toshokan** (bibliothèque de prêt) としょかん, **shashin** (photo) しゃしん, **chokusetsu** (direct) ちょくせつ, **saisho** (premier) さいしょ, **shujutsu** (opération chirurgicale) しゅじゅつ, **isha** (médecin) いしゃ, **shokuji** (repas) しょくじ, **chanto** (correctement) ちゃんと, **chokugo** (juste après) ちょくご, **kaisha** (entreprise) かいしゃ, **kashu** (chanteur, -euse) かしゅ, **untenshu** (chauffeur) うんてんしゅ, **jitensha** (vélo) じてんしゃ, **jimusho** (bureau [lieu de travail]) じむしょ, **chosaken** (droits d'auteur) ちょさけん, **bijutsu** (les arts) びじゅつ, **shakai** (la société) しゃかい.

Entraînement 8 (p. 11)

jôhôkagaku (informatique) じょうほうかがく, **chûkaryôri** (cuisine chinoise) ちゅうかりょうり, **hikôjô** (aéroport) ひこうじょう, **shuppatsu** (départ) しゅっぱつ, **ryokô** (voyage) りょこう, **shitsugyôsha** (chômeur) しつぎょうしゃ, **shutchô** (voyage d'affaires) しゅっちょう, **kyôkasho** (manuel scolaire) きょうかしょ, **shusseki** (présence) しゅっせき, **rikkôhosha** (candidat à une élection) りっこうほしゃ, **shokugyô** (profession) しょくぎょう, **shuyôkoku shunô** (les grandes puissances) しゅようこく しゅのう, **kyakkanteki byôsha** (description objective) きゃっかんてき びょうしゃ.

Les katakana

Entraînement 9 (p. 13)

erebêtâ (*elevator*/ascenseur) エレベーター, **supîdo** (*speed*/vitesse) スピード, **hômu** (*(plat)form*/quai) ホーム, **têburu** (*table*/table) テーブル, **repôto** (*report*/rapport) レポート, **tôsutâ** (*toaster*/grille-pain) トースター, **batâ** (*butter*/beurre) バター, **hanbâgu** (*hamburger*) ハンバーグ, **CDpurêyâ** (*CDplayer*/ lecteur de CD) **CD**プレーヤー, **aisukurîmu** (*ice cream*/glace) アイスクリーム.

Entraînement 10 (p. 13)

roketto (*rocket*/fusée) ロケット, **sandoitchi** (sandwich) サンドイッチ, **daietto** (*diet*/régime alimentaire) ダイエット, **kappu** (*cup*/tasse) カップ, **hottodoggu** (hot dog) ホットドッグ, **yotto** (yacht) ヨット, **petto** (*pet*/animal de compagnie) ペット, **appâkatto** (*uppercut*/ uppercut) アッパーカット, **abekku** (*avec*/en couple) アベック, **intânetto** (*internet*/Internet) インターネット, **kurejittokâdo** (*credit card*/carte de crédit) クレジットカード.

Entraînement 11 (p. 14)

kyabarê (cabaret) キャバレー, **menyû** (carte [au restaurant]) メニュー, **abangyarudo** (avant-garde) アバンギャルド, **konpyûta** (*computer* / ordinateur) コンピュータ.

Entraînement 12 (p. 15)
channeru (*channel*/chaîne [de télé]) チャンネル, **chûrippu** (*tulip*/tulipe) チューリップ, **waishatsu** (*white shirt*/chemise d'homme) ワイシャツ, **jânalisuto** (*journalist*/journaliste) ジャーナリスト, **inobêshon** (*innovation*/innovation) イノベーション, **shûkurîmu** (chou (à la) *cream*/crème) シュークリーム, **ôtokuchûru** (haute-couture) オートクチュール.

Entraînement 13 (p. 15)
sherupa (*sherpa*) シェルパ, **shêbâ** (*shaver*/rasoir) シェーバー, **shefu** (chef [cuisinier]) シェフ, **shekuhando** (*shake hand*/poignée de main) シェクハンド, **shepâdo** (*shepherd*/berger allemand) シェパード, **jetto** (jet [avion]) ジェット, **chenbaro** (*cembalo*/clavecin) チェンバロ, **cherî** (*cherry*/cerise) チェリー.

Entraînement 14 (p. 16)
kêsusutadî (*case study*/étude de cas) ケーススタディー, **torêsabilitî** (*tracibility*/traçabilité) トレーサビリティー, **supagetti** (spaghetti) スパゲッティ, **borontiya** (*volunteer*/bénévole) ボロンティヤ, **puraioritî** (*priority*/priorité) プライオロティー, **aidentiti** (*identity*/identité) アイデンティティ.

Entraînement 15 (p. 17)
famirî (*family*/famille) ファミリー, **shinfonî** (*symphony*/symphonie) シンフォニー, **fidobakku** *(feedback)* フィドバック, **firumu** (*film*/pellicule) フィルム, **fâsutokurasu** (*first class*/première classe) ファーストクラス, **fôkasu** (*focus*/focus) フォーカス, **fîto** (*feet*/pied [mesure]) フィート, **fairu** (*file*/classeur) ファイル.

Entraînement 16 (p. 18)
wîkuendo (*weekend*) ウィクエンド, **wesuto** (*waste*/gaspillage) ウェスト, **wosshu** (*wash*/lessive) ウォッシュ, **winnakôhî** (*Vienna coffee*/café viennois) ウィンナコーヒー.

Entraînement 17 (p. 18)
komyunikêshon (*communication*/communication) コミュニケーション, **weddingu doresu** (*wedding dress*/robe de mariée) ウェッディング　ドレス, **fesutibaru** (festival) フェスチバル, **handikyappu** (*handicap*/handicap [courses de chevaux]) ハンディキャップ, **fasshon** (*fashion*/mode) ファッション, **shoppingu sentâ** (*shopping center*/centre commercial) ショッピング　センター, **arufabetto** (*alphabet*/alphabet) アルファベット, **faundêshon** (*fondation*/fond de teint) ファウンデーション, **bâdo wotchingu** (*bird watching*/observation des oiseaux) バード　ウォッチング, **furasshu** (flash) フラッシュ, **chekku in** (*check in*/enregistrement) チェック　イン, **waifai** (*WiFi*/wifi) ワイファイ.

Les kanji

Entraînement 1 (p. 31)
tôkyô wa nihon no shuto desu. Tôkyô est la capitale du Japon. 東京は日本の首都です。
furansu de furansugo de hanashimasu. En France on parle français. フランスでフランス語で話します。

Entraînement 2 (p. 42)
kyôto ni furui jinja ga miraremasu. À Kyôto on peut voir des temples anciens. 京都に古い神社が見られます。
gendai no tatemono ga arimasu. Il y a des bâtiments modernes. 現代の建物があります。
nyûyôku wa ookii tokai desu. New York est une grande métropole. ニューヨークは大きい都会です。

Entraînement 3 (p. 53)
getsuyôbi wa terebi o mimasu. Le lundi je regarde la télévision. 月曜日はテレビを見ます。
raishû no tenki yohô desu. Ce sont les prévisions météo pour la semaine prochaine. 来週の天気予報です。

Entraînement 4 (p. 64)
shinbun to fuku to tabemono o kaimasu. J'achète des journaux, des vêtements et de quoi manger. 新聞と服と食べ物を買います。

Entraînement 5 (p. 75)
ryokô ni demasu. Je pars en voyage. **densha de ikimasu.** J'y vais en train. 旅行に出ます。電車で行きます。
hikôjô wa tooi desu. L'aéroport est loin. **jikan ga kakarimasu.** Cela prend du temps. 飛行場は遠いです。時間がかかります。
hikôki de hon o yomimasu. Dans l'avion, je lis. 飛行機で本を読みます。

Entraînement 6 (p. 86)
furansu ryôri wa yûmei desu. La cuisine française est célèbre. フランス料理は有名です。
suiyôbi ni bijutsukan ni ikimasu. Mercredi je vais au musée. 水曜日に美術館に行きます。
ryokô wa tanoshii desu. Quel plaisir de voyager. **raishû kaerimasu.** Je rentre la semaine prochaine. 旅行は楽しいです。来週帰ります。

Entraînement 7 (p. 97)
chiisai ie ni sunde imasu. J'habite dans une petite maison. 小さい家に住んでいます。
maiasa jidôsha de ookii machi made ikimasu. Tous les matins je me rends en voiture à la grande ville. 毎朝自動車で大きい町まで行きます。

Cet index vous est présenté par ordre du nombre de traits, puis par ordre du numéro de la clé (cf. p. 122-123).

Création et réalisation : MediaSarbacane

© 2013, Assimil
Dépôt légal : août 2013
N° d'édition : 4125 - février 2022
ISBN : 978-2-7005-0638-9

www.assimil.com

Imprimé en Roumanie par Tipografia Real